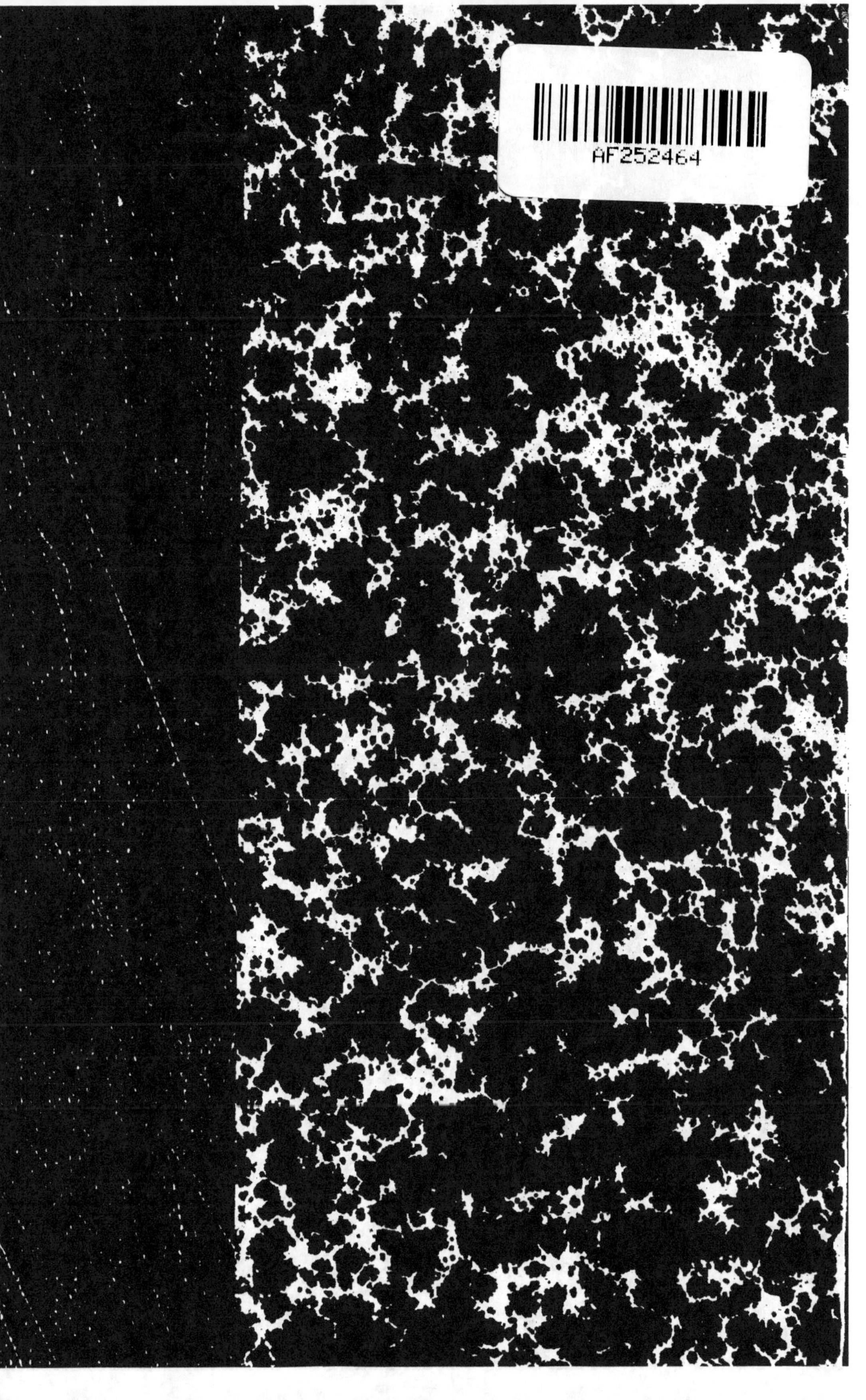
AF252464

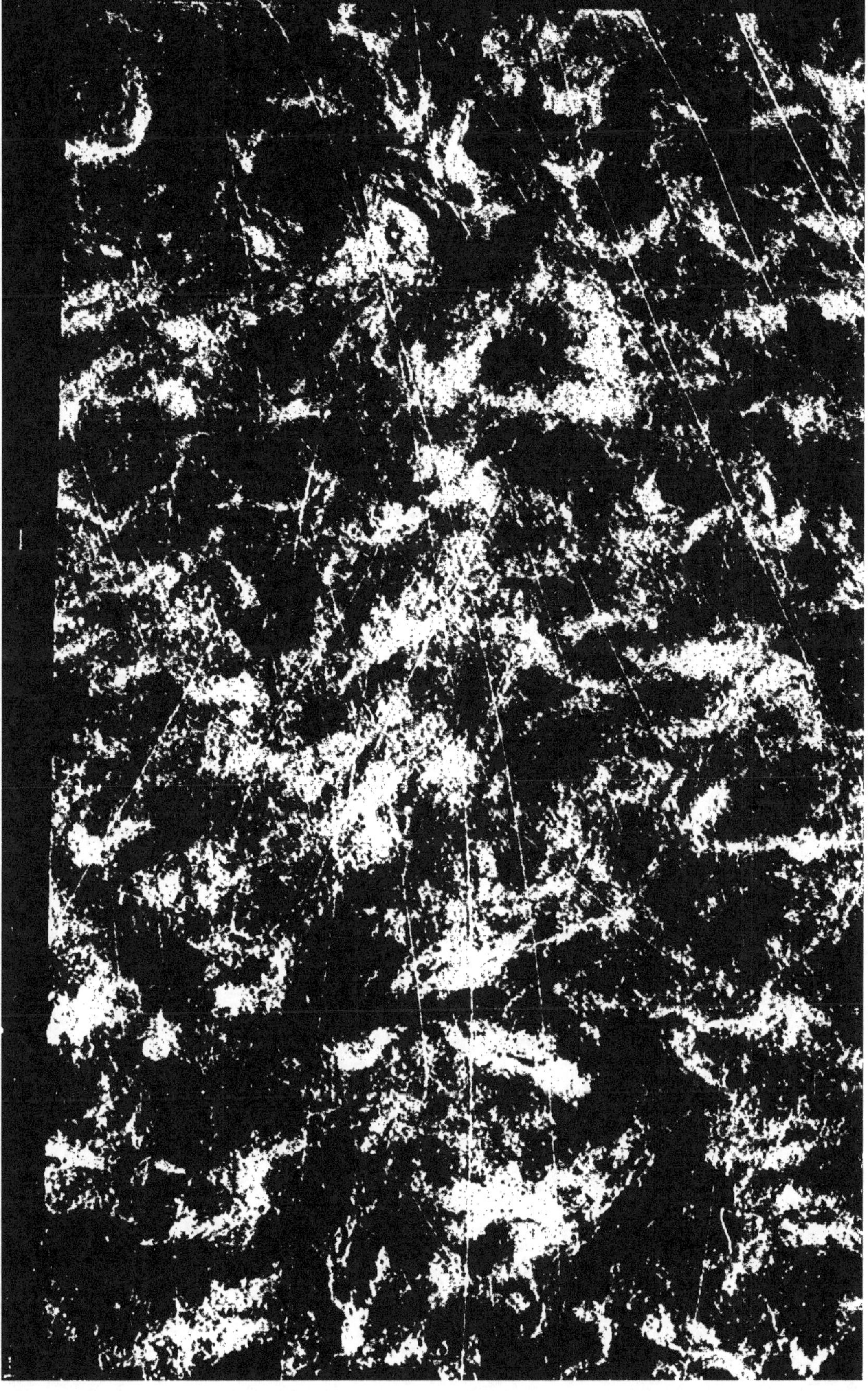

LE
FESTIN DE PIERRE
AVANT MOLIÈRE

DORIMON — DE VILLIERS
SCÉNARIO DES ITALIENS

TEXTES PUBLIÉS AVEC INTRODUCTION, LEXIQUE ET NOTES

PAR

G. GENDARME DE BÉVOTTE

Professeur au Lycée Louis-le-Grand

THÈSE COMPLÉMENTAIRE
présentée à la Faculté des Lettres de l'Université de Paris

PARIS

SOCIÉTÉ NOUVELLE DE LIBRAIRIE ET D'ÉDITION

101, RUE DE VAUGIRARD, 101

—

1907

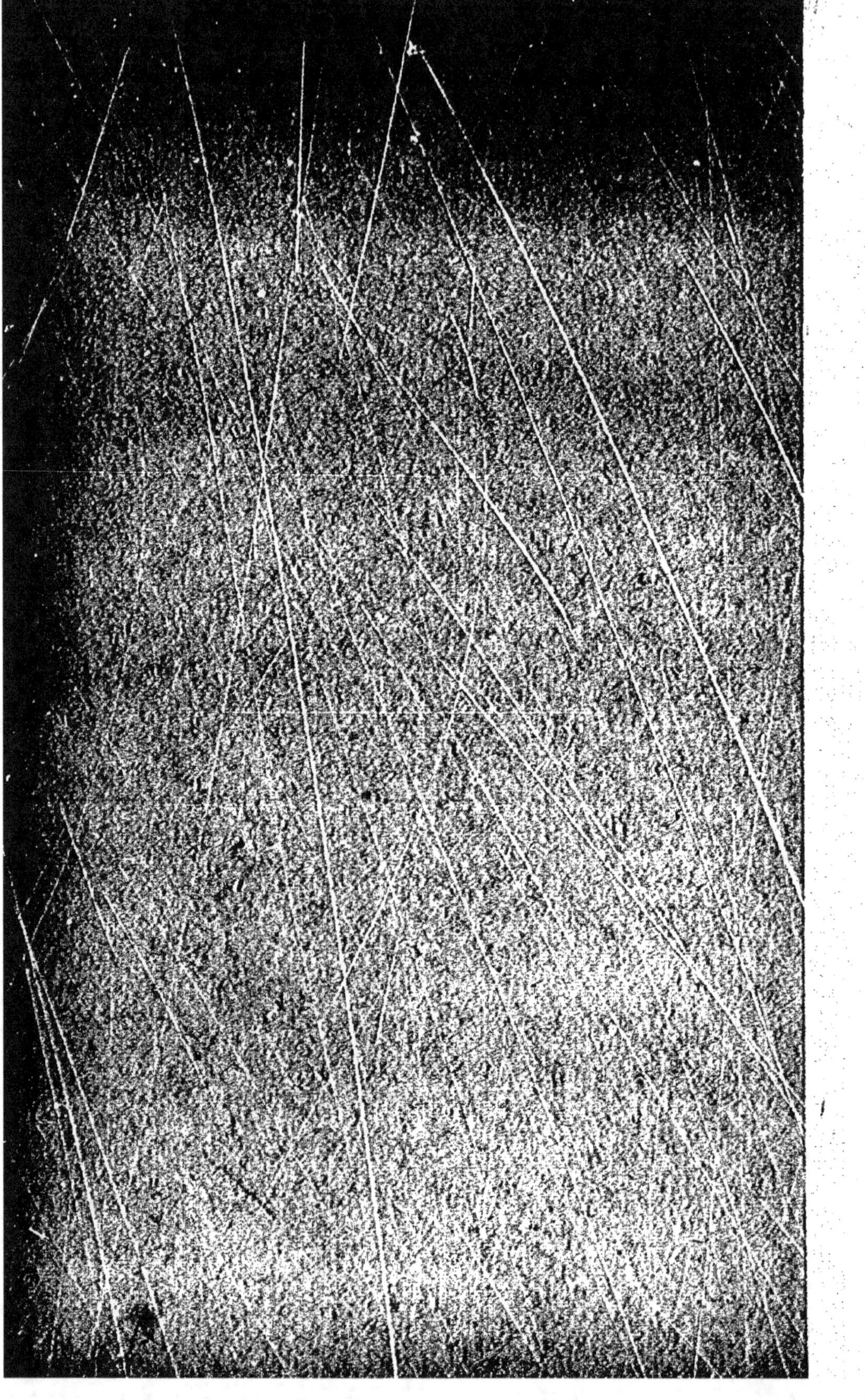

LE
FESTIN DE PIERRE
AVANT MOLIÈRE

61.

MACON, PROTAT FRÈRES, IMPRIMEURS.

LE
FESTIN DE PIERRE
AVANT MOLIÈRE

DORIMON — DE VILLIERS
SCÉNARIO DES ITALIENS

TEXTES PUBLIÉS AVEC INTRODUCTION, LEXIQUE ET NOTES

PAR

G. GENDARME DE BÉVOTTE

Professeur au Lycée Louis-le-Grand

THÈSE COMPLÉMENTAIRE
présentée à la Faculté des Lettres de l'Université de Paris

PARIS

SOCIÉTÉ NOUVELLE DE LIBRAIRIE ET D'ÉDITION

101, RUE DE VAUGIRARD, 101

1907

INTRODUCTION

Dans une étude d'ensemble sur les origines et l'évolution de la légende de Don Juan [1], j'ai cherché à établir dans quelle mesure les œuvres auxquelles cette légende a donné naissance se sont engendrées l'une l'autre, et à reconstituer le lien qui les rattache entre elles, à travers les pays et à travers les temps.

La recherche de cette filiation m'a paru indispensable pour donner à chaque écrivain la place qui lui revient dans le développement de la légende, en faisant la part exacte de ce qu'il a reçu et de ce qu'il a créé. J'ai pu retrouver ainsi la véritable originalité de chacun, et arriver à une intelligence plus juste des œuvres maîtresses qui illustrent la fable de Don Juan. Parmi elles, une des plus justement célèbres est la pièce de Molière. J'ai montré que, s'il est nécessaire pour en comprendre le sens et la portée d'étudier les circonstances particulières qui l'ont produite, ainsi que le milieu social qu'elle se propose de peindre, il ne l'est pas moins d'établir avec précision ce qu'elle doit aux pièces antérieures, italiennes et françaises. Je ne parle pas de la pièce espagnole de Tirso, que Molière, comme je crois l'avoir démontré, n'a pas connue.

Il m'a semblé intéressant d'offrir au public les documents eux-mêmes sur lesquels s'appuie ma démonstration, et de publier les modèles dont Molière s'est servi.

Cette publication n'est pas absolument nouvelle. Déjà, en 1880, M. W. Knörich, dans le deuxième cahier du *Molière und seine Bühne* du docteur H. Schweitzer (Wiesbaden, Selbstverlag des Herausgebers, mai 1880, p. 35 à 91), a donné

1. *La Légende de Don Juan. Son évolution dans la littérature des origines au Romantisme* (Paris, Hachette, 1906).

Festin de Pierre. 1

le texte du *Festin de Pierre* de Dorimon. L'année suivante, le même critique a publié dans le recueil des éditions françaises de Karl Vollmöller une édition spéciale du *Festin de Pierre* de de Villiers (Heilbronn, Gebr. Henninger, 1881). Ces deux publications, dont il est juste de remercier le critique allemand, sont de valeur inégale : la première n'a pas été faite d'après le texte original d'Offray ou celui de Loyson, mais d'après celui de Henri Wetstein : elle ne contient ni le privilège du roi, ni l'épître dédicatoire. Le texte en est en maints endroits vicieux, parfois même peu intelligible. La deuxième, faite d'après l'édition d'Amsterdam de 1660, est précédée d'une étude intéressante sur de Villiers, sur la pièce et ses modèles. Sauf en un endroit où le texte fautif des Elzévier ne peut être rétabli que par un rapprochement avec le texte de Charles de Sercy, le texte de de Villiers est fidèlement reproduit. C'est grâce à ces deux éditions que le lecteur connaît aujourd'hui les deux pièces dont s'est le plus directement inspiré Molière, les textes originaux étant fort rares et peu accessibles [1].

Mais, outre les imperfections du premier texte, le commentaire qui les accompagne l'un et l'autre n'est pas toujours suffisant pour les comprendre. Il ne met en lumière ni les emprunts que l'un a faits à l'autre, ni ceux qu'ils ont faits tous deux, ou que leur commun modèle (la pièce de Giliberto) a faits à la pièce de Tirso et à celle de Cicognini, ni enfin les nombreux détails qu'ils ont fournis à Molière.

Le scénario, de son côté, a été maintes fois publié, notamment par des Boulmiers dans son *Histoire anecdotique et raisonnée du théâtre italien* (t. I, p. 85-94), par Cailhava dans l'*Art de la comédie* (t. II), plus récemment par M. Moland dans *Molière et la comédie italienne*. Dans chacune de ces publications, le texte primitif a été l'objet de retouches et d'arrangements plus ou moins arbitraires : on n'a pas encore reproduit les notes exactes

---

1. La Bibliothèque nationale ne possède aucune édition originale des pièces de Dorimon et de Villiers. Du premier, elle n'a que les éditions elzéviriennes, publiées postérieurement, sous le nom de Molière. Pour les autres éditions, cf. plus bas.

de Gueullette, incohérentes parfois, mais que j'ai cru devoir publier fidèlement.

. Je crois utile non seulement de donner au public une édition scrupuleusement exacte de ces différents textes, mais de les publier ensemble en un même volume. Ils s'expliquent en effet et s'éclairent l'un par l'autre. On ne saurait les étudier isolément, tant leur dépendance est étroite. Ce groupement aura en outre l'avantage de réunir pour la première fois toutes les sources de la pièce de Molière, et de permettre ainsi au lecteur de retrouver les différents éléments que celui-ci a utilisés, de voir le parti qu'il en a tiré, les modifications qu'il leur a fait subir, de distinguer enfin ce qui appartient dans son œuvre à l'imitation et à l'invention.

J'ajouterai quelques mots sur la méthode que j'ai suivie dans cette publication. J'ai évité, dans le commentaire, les rapprochements généraux rendus inutiles par mon travail sur *la Légende de Don Juan*. Entrant ici dans le détail, j'ai noté tout ce qui devait permettre au lecteur de suivre par le menu la genèse de chaque œuvre, depuis Tirso jusqu'à Molière. J'ai signalé, soit par des citations, soit par des résumés, soit par des renvois, tous les emprunts que chaque auteur a faits à ses prédécesseurs.

C'est, je crois, par ces comparaisons précises et même minutieuses des textes que la critique pourra se dégager enfin d'une méthode qui, sous prétexte de sauvegarder les privilèges des « Belles-lettres », substitue à une connaissance exacte des chefs-d'œuvre de notre littérature, fondée sur l'étude historique des causes multiples qui les ont produits, des appréciations subjectives souvent ingénieuses, plus souvent vagues et fantaisistes.

Mon histoire de l'évolution de la légende de Don Juan est surtout une synthèse dans laquelle j'ai fondu les résultats et condensé les conclusions de mes études sur les diverses parties du sujet. Le travail que je publie ici n'est qu'une de ces études particulières (étude toute de détail et d'analyse) auxquelles j'ai dû me livrer avant d'entreprendre un travail d'ensemble.

En même temps, pour faciliter la lecture des textes, j'ai cru devoir ajouter, dans mes notes, des commentaires d'expressions et de phrases obscures. Je n'ai pas prétendu faire une étude linguistique; il m'a paru bon cependant de relever dans le texte de Dorimon et dans celui de de Villiers les termes et les tours aujourd'hui tombés en désuétude et de les grouper dans un *Lexique*. Il serait utile, pour l'histoire de notre langue, de réunir ainsi les expressions des différents auteurs et de dresser, pour chaque siècle, des catalogues complets. Nous n'étudions guère la langue du passé que dans les œuvres des maîtres de notre littérature. Il peut ne pas être sans intérêt de voir comment elle a été écrite par des écrivains inférieurs. Nous trouvons encore chez eux des expressions et des tours en usage sans doute dans la langue parlée et que les grands écrivains s'interdisaient. A cet égard, le texte de Dorimon et celui de de Villiers sont des documents non pas certes précieux, mais du moins curieux à parcourir.

Enfin, outre les divers renseignements nécessaires à la pleine connaissance de ces textes et les indications relatives aux conditions particulières de leur publication, que j'ai placés en tête de chacun d'eux, j'ai cru devoir donner quelques renseignements biographiques précis sur leurs auteurs. Ceux-ci sont en général peu connus. Dorimon n'a jamais été étudié; de Villiers a été l'objet d'une étude spéciale de la part de Fournel (*les Contemporains de Molière*, t. II, p. 297 et suiv.), étude qui n'est cependant pas définitive et qui, sur la question très délicate de l'authenticité de plusieurs œuvres attribuées à cet écrivain, aboutit à des conclusions qu'il m'a paru nécessaire de reviser. Quant au scénario, il n'en a été fait que des études sommaires et très incomplètes; j'ai jugé indispensable de préciser le rôle que cet élément a joué dans le passage de la pièce d'Italie en France.

DORIMON

LE FESTIN DE PIERRE

OU

LE FILS CRIMINEL

DORIMON

Dorimon, que l'on écrit aussi Dorimont et Dorimond, n'a laissé d'autre trace de son existence que les pièces qu'il composa pour le théâtre de Mademoiselle de Montpensier, fille de Gaston d'Orléans. Les contemporains ne parlent guère de lui, ne donnent aucun détail sur sa vie, sur la date de sa naissance et de sa mort, et se contentent de brèves allusions à son œuvre. Nous savons seulement qu'il n'appartint à aucune autre troupe que celle de Mademoiselle, où il réussissait dans le tragique et dans le haut comique [1]. Il épousa par inclination une comédienne de la troupe, Marotte Ozillon ou Marie du Mont-Ozillon, qui entra plus tard au théâtre de la rue Mazarine, lors de son rétablissement en 1673. Malgré son peu de talent, elle y était, paraît-il, considérée, à cause de son mari. Elle se piquait elle-même de bel esprit et de poésie : à propos du *Festin de Pierre*, elle adressa à son mari huit vers, que l'on trouvera plus bas, dont la prétention et la platitude donnent une assez fâcheuse idée de ses dispositions poétiques.

Quant à ce théâtre de Mademoiselle auquel appartint Dorimon, il n'eut qu'une existence éphémère. On ne possède aucune des pièces qui y furent jouées en dehors de celles de Dorimon, et on ignore le nom des acteurs et des actrices qui ont composé la troupe. Nous savons seulement par une lettre de Loret du 1er janvier 1661 que la troupe dite de Mademoiselle inaugura à ce moment ses représentations au faubourg Saint-Germain, où elle joua rue des Quatre-Vents [2].

1. Aucun catalogue de troupes ne porte le nom de Dorimon.
2. Sur Dorimon, consulter :
Parfaict : *Histoire du Théâtre françois*, t. VII, p. 4.
— *Dictionnaire des Théâtres*, article Dorimon.
Beauchamps : *Recherches sur les Théâtres de France*, t. II.

Les pièces de Dorimon sont les suivantes :

1° *Le Festin de Pierre ou le Fils criminel*, tragi-comédie en cinq actes, en vers, dédiée au duc de Roquelaure. A Lyon, chez Antoine Offray, 1659. Avec consentement du roi, à Lyon, 11 janvier 1659.

2° *La Femme industrieuse*, comédie en un acte, en vers, dédiée à M. d'Anglure. Chez Jean Ribou, 1661. Privilège du roi, 26 mars 1661.

3° *L'Amant de sa femme*, comédie en un acte, en vers, dédiée au comte de Bury, avec une épître en vers à la comtesse de Bury. Chez Gabriel Quinet, 1661. Privilège du roi, 26 mars 1661. Achevé d'imprimer le 2 juin 1661.

4° *La Comédie de la comédie* [1] et *les Amours de Trapolin*, en un acte, en vers, dédiée à M. de Vaisse. Chez Gabriel Quinet, 1662. Privilège du roi, 26 mars 1661. Achevé d'imprimer le 22 janvier 1662.

5° *La Rosélie ou le Dom Guillot*, comédie en cinq actes, en vers, dédiée à Mademoiselle, précédée d'un sonnet à Mademoiselle. Chez Jean Ribou, 1661. Privilège du roi, 12 avril 1661. Achevé d'imprimer le 23 août 1661.

6° *L'Escole des Cocus ou la Précaution inutile*, comédie en un acte, en vers, dédiée à M. de Santigny. Chez Gabriel Quinet, 1661. Privilège du roi, 12 avril 1661.

Maupoint : *Bibliothèque des Théâtres*.
De Léris : *Dictionnaire portatif des Théâtres* (art. Dorimon).
De Mouhy : *Abrégé de l'histoire du Théâtre-Français* (art. Dorimon).
De Mouhy : *Tablettes dramatiques* (Dorimon est signalé dans la liste des auteurs peu connus et dans la liste des acteurs).
Mercure de France, mai 1740 : Lettre sur la vie et les ouvrages de Molière et sur les comédiens de son temps.
Lemazurier : *Galerie des auteurs français*, t. I.
Henri Duval : *Dictionnaire manuscrit* (donne la liste des pièces de Dorimon).

Il faut noter que tous ces auteurs se copient généralement les uns les autres.

1. Cette pièce n'est qu'un prologue en vers en 5 scènes pour la seconde.

7° *L'Inconstance punie*, comédie en un acte, en vers, dédiée au marquis de Vauvant, avec un sonnet à Mme de la Basinière. Chez Jean Ribou, 1661. Privilège du roi, sans date. Achevé d'imprimer le 22 avril 1661.

A cette liste, Beauchamps (*Recherches sur les Théâtres de France*, t. II) ajoute encore : *l'Avare dupé ou l'Homme de paille*, comédie en trois actes, chez Guillaume de Luynes, 1663. Cette pièce est citée aussi dans la liste du *Mercure de France* (mai 1740). Elle figure dans le recueil en 2 volumes des œuvres complètes de Dorimon que possède la Bibliothèque de l'Arsenal [1], mais il est à noter qu'elle y est inscrite sans nom d'auteur. De plus, au titre près, elle est la copie fidèle de la *Dame d'intrigue*, de Chapuzeau, pièce tirée de l'espagnol et dédiée par son auteur à la duchesse de Savoie. Elle ne se trouve pas, d'ailleurs, dans le catalogue des frères Parfaict, et de Mouhy (*Abrégé de l'histoire du Théâtre-Français*) signale son attribution à Dorimon comme une erreur grossière de Beauchamps. Il faut donc, sans hésiter, enlever cette pièce à Dorimon.

Reste une dernière comédie en trois actes, en vers, imprimée à Rouen chez Bonaventure Lebrun, en 1692, intitulée : *le Médecin dérobé*. Elle figure, sans nom d'auteur, dans le recueil indiqué plus haut. Beauchamps, de Mouhy la citent; elle se trouve sur la liste du *Mercure de France*. Les frères Parfaict [2] déclarent que l'attribution de cette pièce à Dorimon ne repose sur aucune preuve. Et en effet, sa date si récente (1692), alors qu'aucune des autres pièces n'est postérieure à l'année 1661, la rend fort suspecte. De plus, si médiocre que soit généralement le théâtre de Dorimon, si plats que soient ses vers et si traînantes ses intrigues, il semble difficile de mettre à son compte une œuvre dont l'incohérence, la grossièreté, l'absence même de signification, révèlent la main novice d'un pauvre auteur de province [3].

1. Arsenal, B. L. 9861.
2. *Histoire du Théâtre français*, t. VIII, p. 4.
3. A quel propos cette pièce, si elle était de Dorimon, aurait-elle été imprimée à Rouen ? Les seuls éditeurs de Dorimon furent Ribou et Quinet, et si le *Festin de Pierre* fut imprimé à Lyon, ce fut dans des circonstances exceptionnelles.

Il reste définitivement acquis à Dorimon sept pièces en vers qui, en dehors du *Festin de Pierre*, écrit en 1658, ont toutes été composées dans l'espace d'une année (1661). La carrière dramatique de notre auteur fut donc fort courte. Il n'écrivit que pour le théâtre de Mademoiselle des pièces dans lesquelles il jouait lui-même. Le théâtre disparu, il semble avoir renoncé à la fois au métier d'auteur et à celui de comédien.

L'œuvre de Dorimon est inspirée des théâtres italien et espagnol. Ce sont de banales aventures, au cours desquelles des femmes perfides et rusées dupent des maris niais, des intrigues compliquées, où des personnages, pris d'abord pour ce qu'ils ne sont pas, sont finalement reconnus. Dans ce cadre évoluent des docteurs pédants et sots, des capitans fanfarons, des valets gourmands et fourbes.

L'Escole des Cocus ou la Précaution inutile est l'histoire d'un capitan ridicule à la recherche d'une femme honnête et fidèle. Après en avoir passé un certain nombre en revue, il se décide pour la jeune Cloris dont la naïveté l'a séduit. A peine marié, il trouve, au retour d'un voyage, sa femme dans les bras du jeune Léandre.

Cette pièce, de facture assez gauche, et pleine de grossièretés, — on y voit une jeune fille prise sur la scène des douleurs de l'enfantement, au moment même où elle vient de vanter sa pureté, — est cependant intéressante par plusieurs idées communes avec Molière : c'est d'abord la vaine prétention du capitan, bonhomme non moins égoïste et ridicule qu'Arnolphe, à trouver une femme ignorante, candide, qui vive pour lui seul, loin du monde et des amants [1]. C'est aussi une consultation, renouvelée de Rabelais, sur la question du mariage. Les réponses du docteur et une longue dissertation sur la cause et l'accident, la science de l'Universel et du Particulier, la différence des homonymes et des synonymes, font songer en plus d'un endroit aux réponses pédantes de Pancrace à Sganarelle dans *le Mariage forcé* [2].

1. Le sujet lui-même et le développement de l'intrigue sont empruntés à *la Précaution inutile* de Scarron.

2. *L'École des Femmes* est de 1662, *le Mariage forcé* de 1664. Il n'est donc pas douteux qu'en composant ces deux pièces, Molière avait présents à l'esprit des souvenirs précis de *l'École des Cocus*.

L'Inconstance punie met en scène un jeune libertin frivole qui jure un amour éternel à maintes beautés, les trompe et les délaisse, jusqu'au jour où, sa félonie étant découverte, il est lui-même abandonné par toutes celles qu'il a trahies.

Cette comédie contient un épisode assez plaisant dans lequel le trompeur berne deux paysannes en leur promettant le mariage. Renouvelée des exploits de Don Juan, cette aventure a toutefois ceci de particulier que le héros y courtise à la fois les deux jeunes filles, jure à chacune qu'il n'aime qu'elle seule et les dupe ainsi tour à tour. C'est, en raccourci, la scène de Molière, qui a vraisemblablement pris dans la pièce de son prédécesseur l'idée ingénieuse du double jeu joué par Don Juan.

Dans *la Femme industrieuse*, nous voyons les ruses employées par la femme d'un capitan pour faire connaître son amour au jeune Léandre et l'introduire chez elle en se servant de l'intermédiaire d'un docteur niais, précepteur du jeune homme. Le procédé, emprunté à une nouvelle de Boccace[1], se retrouve dans *l'École des Maris*.

L'Amant de sa femme est l'histoire d'une femme trompée qui, à la faveur d'un déguisement, se fait courtiser par son mari, se joue quelque temps de lui et, quand elle l'a ainsi reconquis, se fait reconnaître[2].

La Comédie de la comédie et *les Amours de Trapolin* constituent deux pièces distinctes, la première servant de prologue à la seconde. *La Comédie de la comédie* n'est qu'une conversation entre spectateurs avant la représentation : dames du monde causant de l'utilité du genre comique, galants courtisant une comédienne et débitant cent sottises sur la poésie et sur le théâtre, filous prétendant entrer dans la salle sans payer leur place. *Les Amours de Trapolin* sont une sorte de moralité.

---

1. C'est la troisième nouvelle de la troisième journée, *Le confesseur complaisant sans le savoir*. Le confesseur de Boccace est remplacé chez Dorimon par le docteur.

2. Une comedia de Matos Fragoso porte le même titre : *El galan de su muger*. Mais le sujet en est très différent. Dans la préface de la pièce de Dorimon à M. le comte de Bury on lit : « Cet ouvrage ne doit rien aux sujets estrangers ; sa création n'est deuë qu'à son autheur, et ne tient rien de l'Espagnol ny de l'Italien. »

Trapolin, qui personnifie la richesse, est en vain courtisé par Poésie, Philosophie et Galanterie. Il les dédaigne pour épouser Ignorance, « fort bonne en ménage » et fort propre « à faire le repos et l'honneur des maris », tandis que Science fait « commettre cent sottises [1] ».

La Rosélie ou le Dom Guillot, pièce en cinq actes, est, avec *le Festin de Pierre*, l'œuvre la plus importante de Dorimon. Un vieil avare, Dom Carlos, veut marier la jeune Angélique qu'il croit être sa fille, et qui est en réalité la fille d'un paysan, à un riche seigneur, Dom Pèdre, alors qu'elle aime Dom Jouan, gentilhomme sans fortune. Pour empêcher ce mariage, le valet de Dom Jouan, Guillot, se fait passer pour un richissime seigneur et vient demander à Dom Carlos la main d'Angélique. Avertie par Dom Jouan, la jeune fille feint de céder cette fois aux désirs de son père qui éconduit Dom Pèdre. D'autre part, un jeune prince, amoureux de Rosélie, crue fille d'un paysan, mais en réalité fille de Dom Carlos, prend l'habit et le nom du berger Tircis pour courtiser son amante. Averti du rang véritable du faux Tircis, Dom Carlos se persuade qu'il n'a pris son déguisement que pour épouser Angélique. Il change donc une seconde fois d'avis et retire sa parole à Dom Guillot. Dom Jouan se fait alors passer pour un docteur fabuleusement riche, et l'avare indécis hésite entre le prince et lui, quand la véritable qualité d'Angélique et de Rosélie se découvre. En apprenant la disgrâce de celle dont il ne recherchait la main que par intérêt, Dom Pèdre se retire. Quant à Dom Jouan, un courrier vient lui annoncer que la mort de son oncle le rend héritier d'une grande fortune, et il persiste à offrir généreusement sa main à Angélique, tandis que Tircis épouse Rosélie. Ce dénouement et plus particulièrement la conduite intéressée de Dom Pèdre semblent avoir inspiré Molière dans la dernière partie des *Femmes savantes*.

On voit donc qu'à défaut d'autre mérite, Dorimon a du moins eu celui de fournir à Molière plus d'une idée. Je ne dirai rien ici du *Festin de Pierre* que je publie, me contentant de renvoyer

---

1. Les théories et les idées de Trapolin font songer à celles de Chrysale dans *les Femmes savantes*.

pour cette pièce à l'étude que j'en ai faite dans mon ouvrage sur
la *Légende de Don Juan*[1]. Je rappellerai seulement deux faits
essentiels : 1° C'est que cette pièce fut avec celle de de Villiers
l'inspiratrice directe de Molière et plus encore des innombrables
comédies qui, dès la fin du XVIIe siècle et pendant tout le cours du
XVIIIe, alimentèrent les théâtres en Hollande et en Allemagne.
Elle est donc la première connue d'une longue filiation d'œuvres
sur le sujet du Convive de Pierre, et à ce titre son importance
est considérable dans l'histoire de la légende ; 2° Elle n'est pas
autre chose qu'une imitation assez fidèle d'une pièce italienne
aujourd'hui perdue, *Il Convitato di pietra* de Giliberto[2].

Je dois faire observer aussi qu'avec Dorimon la légende, trans-
formée par Cicognini en une parodie bouffonne, reprend, non
pas certes le caractère religieux du *Burlador*, mais une certaine
gravité tragique : les scènes comiques imaginées par Cicognini
sont supprimées ou réduites ; le valet reprend sa place au second
plan ; Don Juan n'est plus un coureur d'aventures joyeux et
superficiel, plus léger que criminel, mais un débauché profondé-
ment corrompu, un homme sans scrupules, que ni la crainte de
Dieu, ni l'autorité paternelle, ni le respect de l'honneur et des
droits d'autrui n'empêchent d'obéir à ses instincts dépravés.
C'est déjà le « grand seigneur méchant homme » de Molière,
un grand seigneur vicieux et égoïste, qui a sa théorie du plaisir
et de l'indépendance, et fonde sur une certaine philosophie sa
manière d'agir. Le sous-titre de « Fils criminel » donné par Dorimon à sa pièce, s'il n'explique qu'en partie le nouveau caractère
de Don Juan, indique cependant la signification très différente
que prend le personnage et que Molière lui conservera.

La pièce fut jouée pour la première fois à Lyon à la fin de
1658 (novembre ou décembre), à l'occasion du séjour que la cour
fit dans cette ville pour recevoir Marguerite de Savoie, dont le
mariage avec Louis XIV était projeté[3]. Elle fut reprise à Paris sur

---

1. Chap. III.
2. Cf. plus bas (Épître de de Villiers à Corneille) pour la démonstration de ce fait.
3. *Mémoires de Mlle de Montpensier*, édition Chéruel, t. III, p. 299.

le théâtre de Mademoiselle en 1661. Nous ignorons les raisons qui amenèrent Dorimon à mettre ainsi sur la scène une traduction libre de la pièce de Giliberto ; mais il est fort probable que le succès obtenu par la pièce de la *Commedia dell'arte* que jouaient alors les Italiens lui suggéra l'idée de recourir à la *Commedia sostenuta* considérée — à tort d'ailleurs — comme la source de l'Arlequinade apporté par la troupe de Locatelli[1].

La pièce fut imprimée plusieurs fois ; mais les différentes éditions que nous en possédons ont une valeur très inégale. On peut les diviser en deux catégories : les unes publiées en France du vivant de l'auteur, les autres publiées en Hollande.

La première catégorie comprend deux éditions : l'une est de 1659, l'autre de 1665.

La pièce fut imprimée pour la première fois à Lyon, chez Antoine Offray, en 1659 (petit in-12 de 3 ff. et de 108 pages). La permission est du 11 janvier 1659. Elle est dédiée au duc de Roquelaure, le fils du maréchal qui était aux côtés de Henri IV lors de son assassinat, et qui fut lui-même lieutenant général et gouverneur de Guyenne.

Cette édition est manifestement la meilleure, celle qui, aussitôt après la première représentation, a été faite à Lyon même, soit sur le manuscrit de l'auteur, soit sur une copie. Comme nous le verrons plus loin, la comparaison des différents textes prouve indiscutablement la supériorité de cette version sur celles qui ont suivi. Seule, elle contient en plusieurs endroits des tours et des constructions qui ne peuvent provenir que de l'auteur lui-même et que les éditeurs postérieurs ont maladroitement corrigés.

La deuxième édition fut publiée à Paris chez Étienne Loyson en 1665 (petit in-12). Dans cette édition, le sous-titre de la pièce est changé : aux mots « ou le Fils criminel » sont substitués les mots « ou l'Athée foudroyé », substitution arbitraire et qui n'est pas conforme à la réalité, car si le Don Juan de Dorimon est un fils impie, il n'est pas encore athée. Il est difficile d'expliquer d'une façon vraiment satisfaisante cette modification dans le titre

---

1. Cf. plus bas Épître de de Villiers à Corneille.

de la pièce, modification qui fut conservée ensuite par Rosi-
mond. On peut conjecturer seulement que l'Italie ayant connu
un *Ateista fulminato* [1], le titre de cette pièce passa en France
par l'intermédiaire des comédiens italiens et qu'ayant paru
s'adapter mieux au caractère nouveau que le héros tendait de
plus en plus à prendre, il fut adopté.

Cette version est une copie de la précédente, avec des fautes
et des corrections généralement malheureuses, imputables au
zèle critique de l'éditeur qui n'a pas toujours compris le texte de
l'édition princeps. Il est aisé de s'en rendre compte si l'on com-
pare dans les deux éditions le texte des vers 98, 320, 339, 433,
474, 568, notamment. Au vers 320, Offray écrit, en parlant
des dieux :

Je croy...

Que vos *foudres* sont en *nous* propres débats.

Loyson écrit :

Que vos *forces* sont en *nos* propres débats.

Le deuxième éditeur corrige la faute d'impression évidente :
nous pour *nos* ; mais, comprenant mal l'image contenue dans le
mot *foudres*, il lui substitue platement le mot *forces*. Aux vers
339, 433, 474, 568, la substitution des mots : *f'entens* à *f'oys* ;
les à *leurs* ; *mon support* à *et ma force* ; *dans* à *en*, est chaque fois
une correction manifestement vicieuse de Loyson. De plus,
celui-ci, s'il lui arrive parfois de corriger heureusement les
fautes d'impression de son modèle, en ajoute de son crû :
au vers 98, il remplace *leur* attente par *mon* attente, ce qui
donne un sens inacceptable ; acte III, scène II, il intercale
en dépit du sens un vers qui se trouve déjà un peu plus haut.
Au vers 419, il écrit *o*, quand le texte d'Offray donne *ou*, que
le sens exige. Au vers 601, il omet le deuxième *ah !*, ce qui fait
un vers faux. De même au vers 1747, il omet les mots : *suy
moy*. Enfin la substitution du sous-titre « Athée foudroyé » au

---

1. Cf., à propos de cette pièce, mon étude sur *la Légende de Don Juan*,
chap. II, pp. 49-55.

sous-titre « Fils criminel », substitution qui ne s'accorde pas avec le caractère donné par l'auteur à Don Juan, achève d'établir que le texte de Loyson n'a qu'une valeur secondaire.

La seconde catégorie des éditions du *Festin de Pierre* comprend trois textes :

1° *Le Festin de Pierre ou l'Athée foudroyé*, tragi-comédie par J.-B. P. de Molière, suivant la copie imprimée à Paris. Amsterdam, Elzevier, à la Sphère, 1674 (in-12 de 84 pp.).

2° *Le Festin de Pierre ou l'Athée foudroyé*, tragi-comédie par J.-B. P. de Molière. Sur l'imprimé à Paris, 1679 (in-12).

3° *Le Festin de Pierre ou l'Athée foudroyé*, tragi-comédie par J.-B. de Molière, suivant la copie imprimée à Paris, 1683.

Ce dernier texte se trouve dans l'édition des œuvres de Molière publiée à Amsterdam en 1691 par Henri Wetstein.

Ces trois textes ne contiennent ni l'épître dédicatoire ni le privilège du Roi. Ils ont ceci de commun qu'ils attribuent la pièce à Molière. Cette supercherie ne s'explique que par le désir d'en assurer la vente en substituant un nom célèbre à celui d'un inconnu. Elle était facilitée par ce fait que, le *Don Juan* de Molière n'étant pas encore imprimé et se trouvant interdit, les éditeurs peu scrupuleux ont pu donner impunément à un public ignorant du Dorimon pour du Molière ; et cela est si vrai que, même après l'édition de 1683, les imitateurs hollandais du *Festin de Pierre* prétendent s'inspirer de Molière, alors qu'ils copient Dorimon.

Le texte de 1679 n'est que la réimpression de celui de 1674. Celui de 1683 offre de nombreuses modifications orthographiques et quelques variantes : au vers 40, il écrit *aspirez* au lieu de *aspiriez* ; au vers 218, *lâches discours*, au lieu de *discours lâches*. Ces corrections, en apparence logiques, prouvent seulement que l'éditeur n'est pas au courant de la syntaxe et de la métrique de l'auteur. Au vers 705, il corrige le vers faux « puis j'allay toute la nuit... » en supprimant « puis », correction peu satisfaisante, le texte original contenant une faute d'impression qui s'explique, si, comme il est vraisemblable, Dorimon a employé une construction encore fréquente au XVII⁰ siècle : « puis j'allay toute nuit ».

Les trois textes hollandais suivent Loyson de beaucoup plus près qu'Offray : au mot *foudres* du vers 320 ils substituent, comme Loyson, le mot *fureurs* et le mot *nos* au mot *nous*. Comme Loyson aussi, ils remplacent *foys* du vers 339 par *f'entends*. La faute d'impression du vers 364, *poursuivant* au lieu de *poursuivent*, est reproduite par eux ; de même la correction *les autels* au lieu de *leurs autels* du vers 432 ; et *mon support* au lieu de *et ma serre* du vers 474.

Il résulte de ces observations que le texte d'Offray seul présente un caractère d'authenticité absolue. C'est donc celui-là que je publie, sans corriger autre chose que les fautes d'impression évidentes : *nous* au lieu de *nos* par exemple, au vers 320. Toutefois, il m'a paru bon de donner en note les variantes de l'édition de Loyson. Malgré les raisons qui doivent nous rendre méfiants à l'égard de cette édition, elle conserve, par son ancienneté au moins, un certain intérêt documentaire. Quant aux éditions hollandaises, il n'y a pas lieu d'en tenir compte. Au point de vue de l'établissement du texte leur valeur est nulle, soit parce qu'elles copient Loyson, soit parce que leurs corrections ne proviennent pas d'un texte original, mais sont dues à l'ingéniosité plus ou moins grande de leurs éditeurs. S'il m'arrive de les citer, ce ne sera que pour appuyer mes propres corrections de l'autorité critique de Daniel Elzevier et d'Henri Wetstein.

J'ai conservé l'orthographe du texte d'Offray, si inconséquente qu'elle soit parfois. Les incorrections de ce texte, dans lequel le même mot est écrit différemment à peu de vers d'intervalle, ne prouvent pas seulement l'état de flottement et d'incertitude où est encore l'orthographe française au milieu du XVIIe siècle : elles prouvent que l'orthographe n'existe pas, que nul, ni les auteurs, ni les protes, ne s'en soucie ; et à ce titre elles sont un document fort intéressant pour l'histoire de notre langue, document qui rendrait singulièrement suspectes les règles arbitraires et artificielles établies postérieurement. Aussi m'a-t-il semblé nécessaire de respecter scrupuleusement ces incorrections avec toutes leurs incohérences, en corrigeant seulement les fautes d'impression évidentes.

Par contre, j'ai corrigé la ponctuation très souvent défectueuse, et parfois même mise au hasard, partout où le sens qu'elle donne n'est pas acceptable. Là où il peut y avoir quelque doute, j'ai corrigé en citant en note le texte original.

Je dirai peu de chose de la langue de Dorimon. Non seulement elle ne se recommande par aucune qualité de clarté, de précision, de pittoresque, mais elle est presque toujours lourde, gauche, obscure ; les impropriétés, les termes vagues, les épithètes banales y foisonnent. Elle contient un grand nombre de tours que l'on trouve encore chez Malherbe et chez Corneille, des expressions vieillies qui commencent à tomber en désuétude et qui ne se rencontrent plus guère que dans la langue parlée. Le vers est d'une extrême platitude : aucune image, aucune expression forte et vive ne le relève.

La métrique offre certaines particularités :

a) L'auteur fait rimer parfois le singulier et le pluriel : *habille* et *habillés* (v. 149-150). Cf. aussi v. 813-814, 1207-1208.

b) A plusieurs reprises, la césure est en contradiction avec le sens :

Car quoy que fassent tous ces pauvres misérables (v. 581). Cf. v. 86, 749, 778, 948.

c) Dans un assez grand nombre de vers, l'*e* muet n'est pas élidé à l'hémistiche et ne compte pas dans la mesure :

Dans peu, venger la mère, le père et la maistresse (v. 869). Cf. v. 474, 985, 1025, 1291, 1771.

d) Par contre, on trouve à l'hémistiche l'*e* muet non élidé comptant dans la mesure :

Et les discours lâches dont elles sont suivies (v. 218). Cf. v. 1847.

e) Enfin l'*e* muet même suivi de *s* s'élide parfois : cf. v. 1040 et 1085.

f) Il y a quelques cas d'hiatus : cf. v. 511, 512, 849.

g) La troisième personne du pluriel du subjonctif présent d'*avoir* est dissyllabique :

Il est peu de Saints Lieux où ne m'ayent porté (v. 814). Cf. Rosset, *E féminin au XVIIe siècle* (*Mélanges Brunot*), p. 436.

Par contre, *fleur* est monosyllabique, v. 428, cf. Thurot, *Prononciation française*, I, 512, et *meurtrier* dissyllabique, v. 801, cf. Tobler, *Vers français*, p. 99.

b) On trouve au v. 591 l'*i* final de *qui* contracté avec la voyelle qui le suit :

Quelqu'un paroist. — Qui est là ? — Passons sans faire bruit [1].

1. Peut-être faut-il considérer que dans ce cas l'*i* de *qui* s'élide devant *e*, comme il arrive chez les poëtes du moyen âge ; cf. Tobler, *Vers français*, p. 69.